LE

PARALYTIQUE

DE BOURDEAUX

ET SA SŒUR

PAR

F. PRUNIER

PASTEUR

PARIS

LIBRAIRIE ÉVANGÉLIQUE

4, RUE ROQUÉPINE

1868

LE
PARALYTIQUE
DE BOURDEAUX
ET SA SŒUR

PAR

F. PRUNIER

PASTEUR

PARIS
LIBRAIRIE ÉVANGÉLIQUE
4, RUE ROQUÉPINE
1868

Nota. — *En publiant ce petit livre, l'auteur a répondu aux demandes empressées des amis du paralytique.*

Paris. — Typ. de Ch. Meyrueis, 13, rue Cujas. — 1868.

LE PARALYTIQUE

ET SA SŒUR

Je puis tout par Christ, qui me
fortifie.   (Phil. IV, 13.)

I

Introduction.

Deux vies remarquables viennent de s'éteindre
dans l'Eglise de Bourdeaux (Drôme). Pendant
quinze ans elles ont été de véritables lumières,
dont cependant l'on n'a pas aperçu de bien loin
les doux rayons. C'est dans une simple chambre,
connue seulement d'un certain nombre de chrétiens et d'amis, que ces deux vies se sont consu-

mées dans la souffrance et le dévouement. C'est là qu'Armorin et sa sœur ont « brillé comme des flambeaux, » étant jusqu'à la fin « la bonne odeur de Christ devant Dieu et devant les hommes. »

Notre Père céleste se plaît « à choisir les choses faibles » pour manifester sa force toute-puissante : une crèche et une croix révèlent au monde son amour infini ! L'humble muguet, qui croît entre les épines, est l'image de l'Eglise, glorieuse épouse de Jésus. «Dieu est le même hier et aujourd'hui; » la crèche et la croix révèlent toujours les profondeurs de sa sagesse et de sa miséricorde; et c'est encore près de ces humbles qui gémissent sous le pesant fardeau des afflictions que l'on trouve les plus riches trésors de grâce et de force divines.

Le paralytique de Bourdeaux et sa sœur dévouée nous en fournissent de nouvelles preuves; aussi je considère comme un devoir de rappeler à leurs amis, et de faire connaître à d'autres personnes, les nobles vertus de ces âmes saintes, qui maintenant sont dans la gloire éternelle.

Partout sur la terre on rencontre la souffrance; mais ce n'est pas souvent qu'on la trouve si longue et si vive que chez notre cher paralytique;

je n'en ai point connu de semblable, comme je n'ai point vu de plus grandes vertus que les siennes : une foi plus forte, une patience plus grande, une soumission plus parfaite, une espérance plus vive, une joie plus profonde, un amour plus puissant. Quel malade ! On était vivement touché en voyant le feu de la souffrance consumer sa chair, mais ce qui touchait bien davantage, c'était, si je puis employer cette pensée, de voir la flamme de l'amour consumer celle de la souffrance.

Notre cher malade avait besoin que quelque âme se dévouât pour lui ; Dieu avait préparé un ange pour prendre soin de son pauvre enfant ; cet ange, c'était la sœur du paralytique. Elle lui a donné non-seulement son temps et son travail, mais sa vie !... Les souffrances du frère terminées, l'œuvre de la sœur était accomplie : aussi le repos éternel s'est-il ouvert en même temps pour tous deux !

C'est sur les lèvres mourantes du paralytique et de sa sœur que j'ai recueilli les paroles qui forment le contenu de ce petit livre ; puisse le Seigneur bénir la lecture de ces pages pour l'édification de beaucoup de personnes ; je désire que tous ceux qui les liront y puisent autant d'instruction, de force et de consolations chrétiennes que j'en ai trouvé moi-même auprès du paralytique. Il était grand certainement le plaisir qu'on faisait à ce cher malade chaque fois qu'on le visitait, mais il ne pouvait être plus grand que le bien qu'on recevait de lui !...

« Quelle douce et céleste pensée que celle que nous pouvons être utiles en souffrant à nos semblables, et surtout à nos frères[1] ! »

II

Le paralytique. — Souvenir de sa jeunesse.

Le Seigneur fit passer de bonne heure Louis-Alexandre Armorin par l'école de l'adversité; il vit souffrir sa mère pendant sept ans d'une para-

[1] Adolphe Monod : *Les Adieux*, IX.

lysie qui l'avait privée de l'usage de ses membres, du côté gauche. La piété de cette mère, et sa mort bienheureuse, produisirent de sérieuses impressions et laissèrent de bons souvenirs dans le cœur de Louis-Alexandre ; on peut en dire autant du bon exemple que lui donna son père, qui était un homme de bien, aimant les choses de Dieu et tâchant de les faire aimer à ses enfants. Aussi le paralytique se souvenait-il sur son lit de douleur d'avoir eu pendant son jeune âge une certaine crainte de Dieu, qui le retint toujours dans une réserve d'où la jeunesse s'éloigne, hélas ! trop souvent. Cependant, ces belles années du printemps de la vie, Armorin ne les consacra point à son Créateur ; aussi sur son lit de souffrance répétait-il souvent ces paroles du Psalmiste : « Ne te souviens point des péchés de ma jeunesse. » Cette jeunesse, voici comment il la passa, ainsi qu'il me le disait encore quelques jours avant sa mort : il travaillait de toutes ses forces pendant la semaine et le dimanche jusqu'à onze heures ou midi ; le reste du jour il le passait au jeu de boule et au café ; c'était sa règle invariable. Cette conduite approuvée par le monde, paraissait aussi sans reproche à notre jeune homme; il était même l'admirateur de sa vie et se croyait si bon chrétien qu'il répondait un jour à sa sœur qui le reprenait de sa conduite : « Je vaux au moins autant que les convertis, » et il le croyait.

Armorin aimait le travail de la terre avec passion, et malgré tout ce qui le rend particulièrement pénible dans ces pays, où le terrain est infiniment accidenté et d'une nature si lourde, notre jeune homme en faisait « son idole, son Dieu, » comme il nous le disait; travailler c'était sa vie, non qu'il fût avare, car le dimanche il ne jouait jamais pour gagner de l'argent, mais pour en dépenser!

Ce travail excessif, que le jeune Armorin appelait sa vie, a peut-être été la cause de sa terrible maladie et de sa mort prématurée. Son corps ne pouvait résister longtemps à d'aussi rudes labeurs; brisé par les fatigues incessantes, il fut bientôt tout déformé [1].

---

[1] Le cas de ce jeune homme n'est point un fait isolé dans ce pays..., et je crains que des chrétiens mêmes ne se livrent à des travaux excessifs qui ne sont pas toujours commandés par les besoins de la famille, et qui abrégent leurs jours.

Après la mort de son père, Alexandre Armorin fut puissamment assailli par les accusations de sa conscience. Dans la solitude surtout, la pensée de la mort, du jugement, des peines éternelles venaient tout à coup jeter l'épouvante dans son âme. Dieu l'appelait, il le sentait, mais il était tellement attaché à son travail, à sa terre, au plaisir qu'il prenait le dimanche au jeu de boule et au café qu'il ne pouvait se décider à se convertir, prévoyant les réformes que la conversion amènerait nécessairement dans sa vie... Cependant, les accusations de sa conscience redoublaient, la nuit le sommeil fuyait ses paupières et ses douleurs intérieures devenaient toujours plus amères... Enfin, pour sauver le pauvre pécheur, Dieu vint briser ses idoles.

III

Les idoles brisées.

Ce fut vers sa vingt-huitième année qu'Armorin ressentit les premières attaques de paralysie; mais elles ne l'empêchèrent pas de continuer à travailler. Deux ans plus tard, une douleur aiguë lui monte du pied gauche à la tête avec la rapidité de l'éclair..., il était paralysé! Etant à ce moment occupé à fendre du bois, la cognée lui échappe des mains et la crise est si violente que la tête se tourne le visage presque en arrière! « Je ressentis, me disait-il, une douleur inexprimable. Un moment après, j'appelai ma sœur en criant : Je suis perdu! je suis perdu!... » Convaincu que sa maladie était incurable, le paralytique abandonna son âme au désespoir : se séparer de son travail, de ses camarades, de ses jeux du dimanche, pour passer le reste de ses jours sur un lit de souffrance, et n'ayant pas les revenus nécessaires pour répondre aux besoins

de son état, c'était une pensée insupportable pour
lui. — Eh bien ! dit-il, puisqu'il n'y a plus d'espérance, il me faut la mort; elle sera et mon
médecin et le remède à tous mes maux ! Le
paralytique fut dans cet état lamentable pendant
environ cinq mois; plusieurs fois la pensée du
suicide vint l'assaillir, mais il la repoussa par
crainte des châtiments de Dieu. Cependant il aurait « baisé les pieds de celui qui se serait appro-
ché pour le délivrer de la vie ! » Quelle déplorable
inconséquence d'une conscience aveuglée par le
péché ! « Ah ! s'écriait plus tard le paralytique, que
j'étais aveugle et malheureux ! Je tremblais à la
pensée d'un suicide, et je désirais qu'une main
homicide vînt m'ôter la vie. » Ce désir coupable
ne pouvait qu'augmenter encore les angoisses de
son âme accablée…; alors dans le sentiment d'une
douleur profonde et d'un vrai désespoir, il s'écrie
de nouveau : « Dieu tout-puissant, envoie-moi la
mort ! » — Une voix lui répond avec force : « In-
fortuné, cherche premièrement le royaume de
Dieu et sa justice. » Cette voix qui se fit entendre
à la conscience du paralytique fut pour lui « l'épée
aiguë à deux tranchants qui transperce jusqu'au
fond du cœur, des jointures et des moelles. »

Eclairé tout à coup sur l'état de son âme, il appelle sa sœur et lui crie, effrayé et tout tremblant : « Je suis perdu! je suis perdu! » Mais ces paroles qu'il avait prononcées cinq mois auparavant n'avaient plus pour lui le même sens... L'affectueuse sœur essaie de consoler son frère en lui présentant les promesses de la grâce et en priant pour lui, mais c'est en vain...; il voit devant ses yeux ses péchés entassés; comme des montagnes ils s'élèvent tout autour de lui; il ne peut que répéter : « Je suis perdu! je suis perdu! » Mais au fort même de cet orage, le Seigneur fait luire un rayon d'espérance sur le cœur brisé du pauvre paralytique. Une voix lui dit : « Tu demandes la mort, et c'est le pardon et la vie que Dieu vient t'offrir! Il ne prend point plaisir à la mort du méchant, mais plutôt à ce qu'il se détourne de son train, et qu'il vive. La cause du Seigneur fut gagnée dans la conscience du paralytique; il aperçut le but du châtiment : « Jamais, dit-il, je n'aurais compris mon état de péché si Dieu n'avait brisé mes idoles. » — Le moment des grandes luttes était arrivé.

IV

Les grandes luttes.

Il est des âmes privilégiées qui passent douce-
ment de la conviction du péché à la foi ; un regard
fixé sur « l'Agneau de Dieu » suffit pour faire
naître en elles la sainte paix que procure le pardon, comme un coup d'œil suffisait aux Israélites
pour leur procurer la guérison de la morsure
des serpents brûlants. D'autres, au contraire,
passent par de grandes angoisses, luttent longtemps avec Dieu, quelquefois même, tombent
dans un découragement profond et restent longtemps sous le poids de leurs péchés. Ce n'est pas
que Dieu refuse sa grâce au pécheur ; mais il ne
peut accorder le pardon qu'à la ferme confiance,
à l'humble foi. Et la foi n'est-elle pas le triomphe sur l'incrédulité et le doute? Et qu'est-ce, à
son tour, que ce triomphe, sinon le glorieux ré-
sultat de la lutte ineffable d'où le pécheur sort,

Vainqueur, mais tout meurtri ; tout meurtri, mais vainqueur ?

Le paralytique de Bourdeaux a connu cette lutte... Encouragé par sa sœur à accepter les promesses de grâce que l'Evangile renferme, il ouvre le saint Livre et arrête ses regards tremblants sur ces paroles : « Il n'y entrera rien de souillé, ni personne qui s'adonne à l'abomination et au mensonge; mais ceux-là seuls qui sont écrits dans le livre de vie de l'Agneau y entreront. » — « Ah ! je le sens, s'écrie le paralytique, je ne puis y entrer dans cette sainte cité, je suis trop souillé. » Satan qui, pendant les jours de santé et de jeunesse d'Armorin, l'avait séduit par des paroles de mensonge, en lui disant : « Tu es sans reproche et vraiment exemplaire, » avait changé de langage, il lui disait alors : « Ta vie a été un continuel péché, puisque tu l'as passée dans une indifférence profonde à l'égard de Dieu... Tu peux prier et pleurer, mais tu ne seras pas sauvé à si bon marché ! » — En cela, me disait le paralytique, ma conscience était en parfait accord avec l'ennemi, je voyais très-bien que ni mes prières, ni mes cris, ni mes larmes ne pouvaient m'ouvrir le ciel. Dieu aurait manqué à sa justice en m'y plaçant... mon péché m'écrasait et me courbait vers l'enfer... Les visites pastorales, les exhortalions de ma sœur, les prières de mes amis avec les regrets les plus amers de mon cœur : tout cela réuni ne pouvait effacer mes péchés, ni satisfaire la justice de Dieu… L'enfer, voilà ce qui me revenait de droit. Je ne connaissais pas la Bible, et ce n'était pas elle qui m'avait révélé l'enfer ; cependant je m'écriais avec l'Ecriture : « Il n'y a point de paix pour le méchant. » « L'indignation et la colère, l'affliction et l'angoisse seront sur tout homme qui fait le mal. » L'enfer, je le voyais, je le sentais dans mon âme. — C'est ainsi que la conscience réveillée du paralytique accomplissait en lui les solennelles fonctions d'accusateur et de juge, confirmant cette parole : « Ce qui est prescrit par la loi est écrit dans leurs cœurs, puisque leur conscience leur rend témoignage et que leurs pensées les accusent ou les défendent ; ce qui arrivera au jour où Dieu jugera les actions secrètes des hommes, par Jésus-Christ. » Déjà le paralytique se sentait jugé ; il frémissait de crainte sous les éclairs et les tonnerres de Sinaï, sa voix gémissante n'avait pu encore murmurer cette prière : « O Dieu ! sois apaisé envers moi qui suis pécheur. »

Cependant ceux qui sont destinés à « préparer

le chemin du Seigneur, à dresser ses sentiers, » travaillaient avec amour et foi à diriger les regards timides et éplorés du pénitent vers « l'Agneau de Dieu, qui ôte le péché du monde, » et bientôt le « son doux et subtil, » qui suit le bruit et la tempête, allait lui révéler l'amour du Père des miséricordes, « qui a tant aimé le monde, qu'il a donné son Fils unique, afin que quiconque croirait en lui ne périt point, mais qu'il eût la vie éternelle. » Jésus lui-même allait s'approcher du pauvre paralytique et lui dire : « Veux-tu être guéri? »

V

Le triomphe.

La sœur du paralytique avait connu les luttes et le glorieux triomphe de la foi, aussi soutint-elle puissamment son cher frère par de puissantes exhortations et de ferventes prières. Le

Seigneur se servit de cette sœur dévouée pour faire entendre au pauvre malade pénitent les plus douces, les plus consolantes promesses évangéliques. Madame Bouchet[1] faisait observer à son frère que, pour l'amener à la conversion, le Seigneur avait employé des moyens à peu près semblables à ceux dont il s'était servi pour l'y conduire elle-même. — « Il t'a appelé par la maladie comme il m'appela par la mort prématurée et inattendue de mon mari, après un an de mariage!... Son Saint-Esprit a parlé directement à ton cœur comme, dans son amour, il parla au mien; ton cœur est brisé ainsi que le fut le mien; la repentance que tu éprouves est celle dont on ne se repent jamais : elle conduit au salut par la foi au Seigneur Jésus-Christ. Crois au sacrifice du Sauveur, tourne les regards de ton âme vers lui, et tu sentiras naître l'espérance dans ton cœur brisé. » — C'est ainsi qu'Adeline consolait et

---

[1] L'humilité et la bonté de Madame Bouchet lui avaient acquis une grande popularité; aussi, personne ne pensait à l'appeler « Madame, » tout le monde disait Adeline; c'est ce nom que nous emploierons désormais pour désigner la sœur du paralytique.

fortifiait son frère, et qu'elle était pour lui un guide et un précieux soutien. Dieu l'avait évidemment préparée pour cette œuvre, qu'elle accomplissait avec tant de zèle et d'amour. Mais voyons comment elle y avait été préparée.

Après la mort de son mari, Adeline lut *Le Repos éternel des Saints*. La lecture de ce livre produisit d'excellents effets sur son cœur. Elle renonça aux sociétés mondaines et s'appliqua à la lecture et à la méditation de l'Evangile; ce fut pour elle un moyen précieux d'instruction et d'édification. Adeline devint sérieuse et s'occupa de son salut. La prédication de la sainte Parole, qu'elle écoutait chaque dimanche au temple, lui fit aussi beaucoup de bien. « J'écoutais, me disait-elle, la prédication avec sincérité et dans le désir ardent d'y trouver le chemin de la vie. » — Des préventions, qu'elle déplora plus tard, l'éloignaient alors des réunions méthodistes, elle n'ouvrait son cœur qu'à Dieu seul, et ce fut en le priant, en criant à lui comme le péager et en écoutant sa voix dans l'Evangile qu'Adeline trouva le repos de son âme. Sa joie fut grande lorsqu'elle reçut le pardon de ses péchés; mais l'isolement dans lequel elle resta pendant quelque temps fut très-préjudiciable au développement de sa piété. Une circonstance providentielle la fit sortir de cet isolement si nuisible à la prospérité de sa vie nouvelle. Un jour, Adeline se rencontra avec la femme du pasteur méthodiste près d'une amie malade. La femme du pasteur fit la prière. L'humble requête monta au trône de la grâce, et le Seigneur y fut attentif... Sur-le-champ, la sœur du paralytique prit la ferme résolution d'assister aux réunions méthodistes. Les assemblées de prières, les entretiens fraternels firent un si grand bien à son âme, que le souvenir lui en était encore précieux sur son lit de mort, ainsi que le souvenir de la prière qui la mit en rapport avec nos moyens d'édification. Aussi, lorsqu'Adeline consolait son frère au plus fort de ses angoisses, pensait-elle à la prière « qu'elle avait trouvée si belle et qui lui avait fait tant de bien. » Elle en parla hautement au paralytique, lui disant que Dieu pouvait se servir du même moyen pour faire du bien à son âme oppressée par le sentiment du péché.

Bientôt après, le Seigneur conduisit l'ange de consolation auprès du pauvre malade pénitent, et la même personne qui, par la grâce de Dieu, avait fait tant de bien à la sœur, fit au frère, par la même grâce, plus de bien encore.

« C'est Madame Massot, me disait le cher paralytique quelques jours avant sa mort, qui, dans les mains de Dieu, a été le moyen de m'éclairer; c'est elle qui m'a découvert la voie du salut et qui m'a conduit aux pieds de « l'Agneau de « Dieu. » Impossible de dire le bien qu'elle m'a fait... Je me souviendrai éternellement de cette brûlante requête, après laquelle je reçus le pardon de la miséricorde de Dieu. Après cette prière, elle me dit d'une voix tendre et tout émue : « Cher ami, n'avez-vous pas trouvé la « paix? » — Je gardais le silence, ne pouvant que soupirer. Elle ajouta : « Pendant que je « priais, il me semblait que le ciel était ouvert sur « nous... » A peine avait-elle achevé ces paroles, que mon âme fut inondée de lumière, de joie et d'amour. Grandes étaient les souffrances de mon corps; mais à ce moment, elles furent toutes comme englouties dans un océan de bonheur!... »

« J'avais pensé qu'une fois pardonné je serais toujours heureux, sans luttes, sans combats; mais j'appris bientôt que la vie chrétienne et la foi doivent se développer et grandir par de continuelles victoires remportées sur l'ennemi. Le nouveau converti est un enfant qui commence à marcher et qui a continuellement besoin de la main vigilante et pleine de tendresse de sa mère. Mais cette main d'amour, Dieu l'offre à son enfant. — Gloire à Dieu, qui nous donne toujours la victoire par notre Seigneur Jésus-Christ ! » — Que de fois le paralytique a répété : « Gloire à Dieu ! »

VI

Les souffrances.

La paralysie s'empara rapidement de tous les membres d'Armorin : le côté gauche fut d'abord atteint; la jambe, le bras et la main furent presque complétement privés de mouvement. Cependant, le paralytique pouvait encore passer quelques heures chaque jour sur son fauteuil, ce

qu'il considérait comme une précieuse faveur;
pendant ce temps, son corps se reposait un peu
des fatigues du lit. — Hélas! il ne devait pas
jouir longtemps de cette douceur. — Bientôt le
côté droit fut atteint, et tandis que la jambe
gauche s'allongeait en se raidissant inflexible-
ment, la droite, cédant aux contractions violentes
des muscles, se dressait sur le pied en même
temps que le genou s'approchait du corps et que
le bras droit se glaçait en s'allongeant!... C'est
dans cet état infiniment pénible que le paralytique est resté pendant quatorze années environ,
privé de toute espérance de soulagement! Forcé
de garder constamment la même position sur
son lit, il sentit bientôt de nouvelles souffrances
s'ajouter aux autres, déjà si grandes : l'épine
dorsale, si douloureuse par la maladie de la
moelle, le devint bien davantage par les plaies
qui se formèrent à l'extérieur, et qui étaient si
difficiles à panser... Le paralytique disait souvent
que les douleurs de ses plaies étaient encore
plus vives que celles des moelles et des muscles,
qui l'étaient pourtant extrêmement. Tant de douleurs réunies éloignèrent mille fois le sommeil
des paupières du pauvre malade, ce qui fut pour

lui une aggravation de souffrance. Combien de fois ne m'a-t-il pas dit : « Ah! que la nuit a été pénible pour moi; en vain j'ai demandé le sommeil au Seigneur, je n'ai fait du soir au matin que gémir et prier... Pour que je puisse dormir, il faut que le poids du sommeil soit plus lourd que celui des souffrances. Ah! quelles luttes, quels combats! Quand serai-je délivré de ce pauvre corps? » Mais ces paroles n'étaient point des plaintes, car le paralytique ajoutait aussitôt : « Non pas ce que je veux, Père, mais ce que tu veux; je suis entre tes mains. »

La dernière période de la vie d'Alexandre Armorin fut certainement la plus douloureuse. A toutes ses autres souffrances vinrent se joindre celles d'une phthisie pulmonaire et d'une inflammation d'intestins. Ses plaies se chargèrent d'humeurs et se remplirent de vers!... Ses muscles se contractèrent avec une nouvelle violence, de sorte que le genou droit vint presque toucher l'épaule... Il fallait même, afin de rendre les douleurs moins insupportables, exercer une forte pression sur le genou, le poussant dans la direction que lui imprimaient les muscles qui se retiraient avec effort... Dans cet état, les souffrances du cher paralytique me rappelèrent souvent celles de Job, comme la patience de Job me rappelait celle du paralytique, et toutes ces douleurs, aussi bien que cette patience et cette soumission si parfaites, étaient pour moi un commentaire vivant de ces paroles divines : « Ma grâce te suffit. »

VII

Le dévouement.

Toute la fortune du paralytique consistait dans un petit coin de terre d'une valeur de quelques centaines de francs ; qu'était-ce pour faire face à ses grands besoins ? L'affectueuse sœur sentit qu'elle devait se dévouer pour son frère. En soignant sa mère pendant sept ans, et son père dans sa maladie mortelle, Adeline avait compris que le véritable dévouement n'est pas sans joie pour le cœur, comme il n'est pas sans grandeur devant Dieu. La sœur du paralytique accepta donc avec empressement la grande tâche que le Seigneur confiait à ses tendres soins, et à laquelle elle a consacré sa vie tout entière.

Dès le début de sa maladie, la position d'Armorin était des plus graves; cependant, elle n'exigeait pas des soins continuels. Après ceux qui lui étaient donnés le matin, il pouvait attendre jusqu'à midi, et de midi au soir, ce qui permettait à Adeline de travailler toute la journée à l'état de couturière; c'est ainsi que pendant douze ans elle a su pourvoir à ses besoins et à ceux du paralytique!... Cependant, ce n'était pas sans peine que cette tendre sœur quittait le matin son bien-aimé malade, comme ce n'était pas sans soucis et sans craintes qu'elle passait la journée loin de lui. Aussi rentrait-elle le soir avec plaisir, et s'empressait-elle de donner à son frère les soins que réclamait sa position, soins qui étaient souvent au-dessus des forces d'Adeline. Mais le courage multiplie les forces, comme le sentiment du devoir entretient et augmente le courage; c'est ce qui a élevé notre chère amie à la hauteur d'une tâche qu'elle voyait grandir de jour en jour. Cependant, la vue de douleurs toujours croissantes, une trop grande activité, des efforts au-dessus des forces d'un corps fragile, des veilles trop longues et trop souvent répétées, tout cela avait profondément altéré la santé d'Adeline… Aussi songea-t-elle à remplacer son état de couturière par un petit commerce d'épicerie et de mercerie. Ce projet, formé sous le regard de Dieu, était sage ; l'exécution en fut facile et les avantages réjouissants. La sœur du paralytique put reposer sa vue fatiguée, avoir plus de temps pour les soins assidus que réclamait son cher malade. Pendant trois ans, Adeline a prospéré d'une manière remarquable dans ses petites entreprises. L'amour de l'ordre, une grande réserve, la fidélité à Dieu, et, il faut le dire, la sympathie de ses amis et de ses voisins, et avant tout la bénédiction du Seigneur, furent les causes de sa prospérité. Jamais la sœur du paralytique n'a ouvert son petit magasin le dimanche ; bien des tentations lui ont été présentées à cet égard, mais elle les a toujours repoussées avec fermeté. Puisse ce bel exemple trouver beaucoup d'imitateurs chez ceux qui ont connu Adeline, ou qui apprendront à la connaître par la lecture de ces lignes !

Si la sœur du paralytique avait commencé son commerce dix ans plus tôt, probablement qu'elle aurait amassé une petite fortune ; mais elle ne cherchait point les richesses : elle désirait pouvoir satisfaire aux besoins de son cher malade. Dieu lui a accordé cette consolation.

Comme je l'ai dit, par ses trop grandes fatigues, Adeline avait profondément altéré sa santé ; bientôt son corps se courba du côté gauche, ses jambes enflèrent, des tubercules se formèrent dans les poumons. L'appétit se perdit ; il fallut fermer le petit magasin !... La sœur du paralytique n'avait que quarante-cinq ans ; cependant, elle dut se mettre au lit pour ne plus se relever ! Son pèlerinage ici-bas n'a donc pas été bien long ; mais est-ce par les jours qu'il faut mesurer la vie, ou par les œuvres ? Si c'est par les œuvres, Adeline a beaucoup vécu ! Mais que deviendra le paralytique ? Il s'en ira avec sa sœur, et leurs morts, comme leurs vies, révéleront et la sagesse et l'amour de notre bon Père céleste.

VIII

Les moyens d'édification.

Le paralytique trouvait dans le dévouement de sa sœur de précieuses consolations. « Ils n'étaient qu'un cœur et qu'une âme. » Cette douce union était pour le cher malade comme une source toujours ouverte où il puisait beaucoup de joie et de force. Il avait aussi les visites de ses nombreux amis, et il savait toujours en profiter. Il saisissait ces occasions pour ouvrir son cœur par de doux épanchements qui semblaient calmer ses souffrances. Une expression de sainte joie se répandait sur son visage, et la conversation qui s'engageait était toujours si chrétienne, qu'elle contribuait puissamment à fortifier sa foi et à ranimer son courage. Et qui peut dire aussi le bien que ses amis retiraient de ces visites ! Je pourrais en appeler au témoignage des jeunes chrétiens qui avaient la bonne habitude de se réunir chaque dimanche près du lit de souffrance de leur ami, afin de parler ensemble « des choses magnifiques de Dieu, » de l'œuvre que sa grâce opère dans les âmes. Notre cher malade considérait ces entretiens fraternels comme un moyen précieux d'édification, et ses amis n'oublieront pas, je l'espère, tout ce qu'il y avait de tendre, d'affectueux, d'excellent dans les paroles d'expérience et d'exhortations chrétiennes qu'ils ont recueillies sur ses lèvres… Un jour qu'un jeune ami, sentant son âme aride, disait timidement dans un de ces entretiens : « Mes amis, je ne puis rien dire pour votre édification… » Armorin répondit : « Merci de nous avoir dit cela. Quand nous ne sommes pas heureux dans notre âme, disons-le humblement devant Dieu, et nous aurons parlé pour sa gloire. »

Les lectures pieuses étaient aussi des moyens d'édification pour notre cher malade ; mais c'était surtout dans la Parole de Dieu qu'il puisait sa plus grande force et ses joies les plus douces. Aussi en faisait-il chaque jour une étude assidue ; et la nuit, pendant ses pénibles veilles, qu'il lui était précieux de « méditer dans la loi de l'Eternel ! » C'était pendant la nuit que le paralytique ressentait les douleurs les plus vives, et qu'il avait à soutenir les plus rudes assauts du prince des ténèbres. Mais « lorsque l'ennemi venait comme un fleuve, » le malade « levait l'étendard de la Parole éternelle contre lui. » Il me disait un jour : « Les promesses de Dieu sont mes armes et ma haute retraite. Mes luttes sont souvent terribles ; je suis assiégé. Mais au fort de l'épreuve, j'embrasse les promesses du Seigneur avec toute l'énergie de mon âme et la force de ma foi ; je crie à l'ennemi qui me poursuit avec violence : « Il est écrit !... il est écrit !... » Alors il se retire confus... Et après que Dieu m'a donné la victoire, j'éprouve, malgré mes grandes souffrances, une joie si vive, un bonheur si doux, qu'il me semble que les anges descendent près de moi comme ils vinrent près du Sauveur après son glorieux triomphe sur le diable. » C'est ainsi que le paralytique savait toujours, par le moyen de la Parole de Dieu, éteindre les traits enflammés du malin. Mais il ne se servait jamais de « l'épée de l'Esprit » sans réclamer par d'ardentes prières les secours puissants du Seigneur.

« La Parole de Dieu et la prière, voilà mes armes, disait-il encore, et elles sont invincibles! Oh! que j'ai prié! que j'ai prié! Mais le Seigneur m'a toujours exaucé. Et quel doux calme après la tempête et l'orage! Qu'on est heureux, quand on a traversé les eaux profondes et les fournaises embrasées! La grâce triomphante a multiplié l'énergie de l'âme et la puissance de la foi. C'est alors qu'on peut s'écrier : « Je puis tout par Christ qui me fortifie! »

IX

Patience et sainte soumission.

Le paralytique pouvait dire avec saint Paul : « Nous nous glorifions même dans les afflictions, sachant que l'affliction produit la patience, et la patience l'épreuve, et l'épreuve l'espérance. Or, l'espérance ne confond point, parce que l'amour de Dieu est répandu dans nos cœurs par le Saint-Esprit qui nous a été donné. » C'est bien, en effet, de l'amour de Dieu et de la ferme espérance de la gloire, que vient la force qui rend capable de « souffrir tout avec patience. » Dans ses plus grandes souffrances, le paralytique voyait toujours l'amour et la sagesse de Dieu ; aussi le trouvait-on toujours parfaitement soumis et joyeux. « Je souffre beaucoup, disait-il souvent ; mais je n'oserais dire que je souffre trop : ce serait de la révolte contre Dieu. » Peu de temps avant son délogement, je recueillis sur ses lèvres presque mourantes ces paroles si vraies et si touchantes : « Dieu est amour et sagesse ; il ne peut donc m'envoyer que la portion exacte de douleur nécessaire à ma sanctification, et à la manifestation de ses bontés et de sa gloire devant les personnes qui ont la charité de me visiter. Je comprends, je sens que je dois bénir Dieu pour toutes mes souffrances. Elles m'enveloppent comme des eaux amères et profondes ; mais il n'y en a pas une goutte de trop !... Mon lot, c'est de souffrir... C'est ici, sur cette couche où mon corps est comme à la torture, que depuis quatorze ans j'accomplis « l'œuvre que mon Père m'a donnée « à faire. » Je serais insensé et coupable, si je voulais glorifier Dieu ailleurs qu'ici !... Souffrir...

souffrir encore... souffrir jusqu'à ce que ce qu'il y a de mortel en moi retourne dans la poudre, voilà mon œuvre! Dieu veuille qu'elle ne soit pas vaine, mais qu'elle serve à sa gloire! Aussi long-temps que ma tâche n'est pas achevée, je dois travailler avec courage, zèle et prière, afin de pouvoir présenter à Dieu mon œuvre parfaite; car « il faut que l'ouvrage de la patience soit par- « fait. » Quelle œuvre que la mienne! Combien j'ai besoin de la grâce et de la force du Seigneur!... Mais je sens que je suis soumis. Ma volonté, c'est celle de mon Père céleste. S'il faut que je souffre encore davantage, comme il voudra... Ah! que les chrétiens sont loin de la perfection, quand ils aiment leur propre volonté. La sanctification, c'est notre volonté parfaitement soumise à la vo-lonté divine, même quand nous sommes sous la verge; il faut que nous puissions dire, par notre vie plus encore que par nos paroles, que la vo-lonté de Dieu « est bonne, agréable et parfaite. » N'est-ce pas en cela que consiste la sanctifica-tion? Oh! qu'il est facile de se méprendre sur cet important sujet, et qeu la méprise serait fâcheuse! Prenons garde de dire à Dieu : « Que ta volonté soit faite, » quand nous voulons faire la nôtre...

Mais par ta grâce, ô mon Dieu! je puis te dire :
« Quand tu voudras, et comme tu voudras... Je
trouve déjà une véritable paix dans cette soumission à ta volonté; mais quand ma tâche sera achevée, quel doux repos!... »

C'est ainsi que parlait le paralytique et qu'il vi-
vait. Pendant tout le temps que j'ai eu le privilége
de le visiter, jamais je ne lui ai entendu prononcer
une seule parole qui trahît le moindre mouvement
d'impatience. Toujours le même calme, la même
force et la même joie en Dieu. « Son visage, me
disait un ami, devrait exprimer la souffrance; au
contraire, il exprime le bonheur et l'innocence,
comme le fait celui d'un petit enfant! »

X

Le pays aperçu de loin.

Le navigateur qui a été longtemps battu par
de violents orages contemple avec un indicible

aisir la rive chérie où il trouvera un doux repos
 de nombreux amis qui le recevront avec une
dicible joie. De même, et plus encore, le para-
tique s'est réjoui lorsqu'il a pu apercevoir, de
autre côté de l'horizon où mugissent les tem-
êtes, le terme de toutes ses souffrances et le
ays tant désiré du repos et de la gloire.

Peu de temps avant sa mort, la paralysie lui
ffecta sensiblement la vue et même le cerveau.
'était pour le cher malade un surcroît d'épreu-
es, car il se vit obligé de renoncer à toute lec-
ure; sa solitude devint plus grande, et il eut de
oins un précieux moyen d'édification. Cepen-
ant la joie du paralytique n'en fut point troublée;
 vit dans l'aggravation de sa maladie le présage
es dernières luttes et du repos après lequel il
oupirait si ardemment. « Oh ! l'heureux mo-
ent, disait-il, que celui où mon âme quittera
ette pauvre enveloppe, qui depuis si longtemps
ombe en ruine! Avec quelle joie je m'en irai
ans la Jérusalem d'en haut! » — La paralysie,
ontinuant ses ravages, priva le cher malade de
usage de la parole... Dès que j'en eus appris la
ouvelle, je me rendis auprès de lui; plusieurs
mis, des voisins et un docteur entouraient son

lit et le pressaient de questions auxquelles il n
répondait que par des signes. Je m'approchai af
de lui adresser quelques consolations au nom d
Seigneur : à peine avais-je commencé à lui parle
que son visage s'illumina comme d'un reflet d
gloire céleste. Un doux sourire effleura ses lèvre
et nous fit comprendre quelle était la joie de so
âme; ses regards s'élevèrent pleins de vie vers l
ciel, et, après plusieurs efforts, il parvint à pro
noncer assez intelligiblement ces mots : « Gloire!
gloire!.. Jésus!.. Jésus!.. » Jamais je n'ai rien v
de plus touchant. Une voix paralysée qui se re
trouve pour crier gloire et prononcer le nom d
Sauveur! Quelle manifestation de la puissance d
la grâce! Toutes les personnes présentes avaien
les yeux pleins de larmes, et le paralytique sou
riait d'un souris angélique, pensant qu'il allai
entrer dans la gloire..... Des soins empressés lu
furent donnés et, dès le lendemain, la parole lu
revint un peu; il put me dire, avec un accent qu
révélait la vive espérance qui remplissait son âme
« J'approche du terme!.. Grande est ma joie!.. »
Le surlendemain il parlait assez facilement. « Oh
que j'étais heureux avant-hier soir, me dit-il, je
pensais partir!... Quelle heure fortunée pour mo

que celle du départ! Oh! que je voudrais m'en aller dans le pays du repos et de la gloire!... Mais je suis soumis à la volonté du Seigneur... Cependant je puis dire : « Mon désir tend à déloger « pour être avec Christ, ce qui me serait beau- « coup meilleur. » Le paralytique eut de nouveau, les derniers jours de sa vie, quelques heures de vives joies et de saints ravissements; mais, avant d'en parler, il faut faire connaître ses derniers conseils à ses amis.

XI

Derniers conseils du paralytique.

Voyant que le bienheureux malade approchait du terme, je lui demandai s'il n'avait pas quel- ques conseils à présenter à ses amis. « J'ai besoin d'en recevoir, me répondit-il, mais vous leur direz de ma part : d'abord, qu'ils prient beaucoup. Je suis convaincu que les chrétiens ne prient pas assez. Le Sauveur passait des nuits entières en prière, et l'Apôtre nous dit : « Priez sans cesse. » Oh ! que les amis se souviennent de l'exemple de Jésus et de l'exhortation de l'Apôtre.

« Que les enfants de Dieu n'oublient pas qu'ils doivent pratiquer assidûment les moyens d'édification... Le plus petit, le plus faible, peut édifier dans les réunions fraternelles. Que celui qui pense qu'il n'a rien à dire le dise, et il aura commencé à parler pour l'édification de ses frères... Voici une autre chose que je veux dire à mes amis avant que la mort vienne fermer ma bouche : qu'ils craignent de se laisser aller à ce qu'on appelle de petits péchés. Ce sont les petits péchés qui conduisent le plus d'âmes en enfer ! C'est le petit péché qui empêche les chrétiens d'être saints... Que d'actions qui n'édifient pas et qui contristent le Saint-Esprit ! Que de paroles légères qui nuisent à la sanctification, et dont il faudra « rendre « compte ! » Il faut que nous soyons « morts au « péché, » à tout péché, afin que nous vivions, dans le siècle présent, dans la tempérance, dans la justice et dans la piété, en attendant la bienheureuse espérance et l'apparition de la gloire du grand Dieu et notre Sauveur Jésus-Christ, qui s'est donné soi-même pour nous, afin de nous racheter de toute iniquité et de nous purifier, pour lui être un peuple particulier et zélé pour les bonnes œuvres. »

Le paralytique pouvait à peine parler, et ce ne fut qu'avec beaucoup d'efforts qu'il remit, en quelque sorte, entre mes mains ces excellents conseils pour ses amis. En son nom, je rappelle donc à tous ceux qui l'ont connu ces trois exhortations :

« Priez beaucoup…

« Pratiquez assidûment les moyens d'édification…

« Evitez ce qu'on appelle les petits péchés… »

XII

La grande nouvelle.

Calme et joyeux, le paralytique attendait la mort comme l'on attend « une messagère de bonne nouvelle. » Cependant il avait une crainte qui était une grande épreuve pour sa foi et une sensible douleur pour son cœur : sa chère sœur avait dû se mettre au lit, comme je l'ai dit précédemment, et la maladie faisait des progrès si rapides qu'on se demandait si elle n'arriverait pas au terme la première. Le dimanche 22 septembre, la vie d'Adeline faillit s'éteindre, à la suite d'un vomissement de sang... En apprenant cette triste nouvelle, Armorin fut saisi d'une si grande angoisse que sa paix et sa joie en furent pour un moment troublées. Sa volonté, toujours si soumise, même dans les moments les plus pénibles, paraissait accepter difficilement la pensée que sa tendre sœur pourrait bien le précéder dans l'éternité. Je le visitai dans le moment où Adeline

était dans un extrême danger. Dès qu'il m'aperçut
il s'écria : « Oh ! ma sœur, ma chère sœur ! serait-il
vrai que tu me précéderais dans l'éternité ? Non,
tu ne partiras pas la première !.. » Et il se mit à
prier Dieu de le prendre avant sa sœur. Je l'ex-
hortai à accepter de bon cœur toutes les dis-
pensations de la sagesse divine ; je lui rappelai sa
grande soumission à la volonté du Seigneur et sa
ferme confiance en lui. Je priai, après lui avoir
lu quelques-unes des promesses évangéliques, et
bientôt le calme rentra dans son âme, qui s'éleva
vers Dieu en adorant. Il était dix heures du soir ;
je quittai le cher malade, l'âme profondément
émue.

Le lendemain de bon matin, les frères du paralytique arrivaient, amenant avec eux un docteur
bien connu d'Adeline ; il ne lui cacha pas le danger
de son état, sans cependant lui ôter l'espérance de
voir ses jours se prolonger encore. Mais Adeline
avait compris que tous les secours de l'art ne pouvaient la guérir ; elle me l'avait dit plusieurs fois
avec calme et résignation. Cependant, une chose
agitait un peu son âme et troublait sa paix, c'était
de laisser derrière elle le pauvre infirme. « Que
fera mon frère, disait-elle, si je m'en vais la pre-

mière? Mais Dieu lui reste, et c'est assez...» Ade
line et son frère allaient être délivrés de toute in
quiétude à cet égard : la maladie d'Armorin fit de s
grands progrès depuis le dimanche soir, que, l
lundi matin, le docteur, frappé par les signes vi
sibles de la mort, lui dit, avec une franchise qu
l'honore : « Mon ami, prenez courage, vous ête
arrivé au terme de toutes vos souffrances... » Une
des parentes du malade, sa marraine, qui depui
plusieurs jours restait près de lui, entrant dan
ce moment, le paralytique s'écrie : « Au terme
marraine!.. Je suis arrivé au terme de mes souf
frances... le docteur m'a dit que j'allais mourir
Oh ! quelle grande nouvelle ! Elle remplit mo
âme d'une ineffable joie. Le Seigneur va venir
Quelle grande nouvelle ! Il me semble que je vois
le Seigneur et que je l'embrasse. » Alors la voi
du malade, qui depuis quatorze ans n'avait fai
entendre que des soupirs et des prières, murmura
un chant joyeux et grave, l'hymne de la louange
et de la délivrance :

Tu me fais de tes dons la prodigue largesse,
Comme si j'étais seul la fin de ta sagesse !
Tu surpasses mes vœux, ô Souverain des rois !
Et mon cœur tout entier s'ouvre à ta sainte voix.

Les personnes présentes dans la chambre du
ralytique, émues jusqu'aux larmes, admiraient
chrétien qui, voyant approcher la mort, la salue
r un chant de reconnaissance et de sainte joie!..
mme j'entrais (j'ignorais ce qui avait eu lieu),
me dit avec un accent solennel : « J'ai une
rande nouvelle à vous apprendre. » — « Votre
eur va mieux? » répondis-je. — « Oh! bien autre
hose!... Je vais mourir!.. le docteur m'a dit que
étais au terme. Oh! quelle nouvelle!... Le Sei-
neur va venir!... bientôt... bientôt... » Et ses re-
ards, fixés vers le ciel, y enlevaient en quelque
orte nos âmes... O puissance de la foi!

XIII

Les deux départs.

Le même jour, dans l'après-midi, je le visitai de nouveau; sa voix était ferme et ex-

primait parfaitement les vifs sentiments de s
âme; mais ses regards étaient mourants, s
front était froid, et le pouls avait presque ces
de battre!... « Cher ami, lui dis-je, le Seigneur
exaucé vos prières; il va vous prendre avant vot
chère sœur. » — « Oui, le Seigneur vient, répo
dit-il; voici la fin du combat. » Après avoir pla
devant les yeux de sa foi les glorieuses promess
de l'Evangile, je fis la prière. Alors de nouveau
transports de joie s'emparèrent de son âme;
ne pouvait exprimer toute son allégresse. Depu
quelques heures, ses forces étaient presqu
éteintes... Il me parla de sa sœur et me pria d'a
ler la voir, ce que je fis. Adeline était heureus
« Vous direz à mon frère que ma joie n'est pa
aussi vive que la sienne; cependant, je jouis d
la paix du Seigneur, et j'ai la douce certitud
que nous nous retrouverons au ciel! » Je rap
portai ces bonnes paroles à Armorin, qui les ac
cueillit avec joie. Le soir, j'adressai pour la der
nière fois quelques mots au cher malade; il ava
cessé de parler. « Mon ami, lui dis-je, vous sere
bientôt dans la sainte cité; encore un moment
et vous aurez vaincu. Jésus va vous placer ave
lui sur son trône, et vous donner la couronn

incorruptible de gloire. » Les yeux du paralytique se ranimèrent; un souris céleste égaya son
visage mourant; son bras affaibli par la paralysie,
et déjà à moitié glacé par la mort, se lève avec
effort vers le ciel, et une dernière fois la voix de
ce vaillant chrétien se fait entendre : « Là-
haut !... vie !... vie !...» Et ce furent ses dernières
paroles !... Pour lui, mourir, c'était vivre. « La
mort était engloutie dans la victoire [1] ! »

« Vie ! » Ce mot plein d'espérance, cette douce
voix de triomphe réjouit beaucoup la chère Adeline; elle sentait qu'elle suivrait de près son
bienheureux frère dans la véritable vie. A elle
aussi Dieu avait dit : « Dispose de ta maison, car
tu t'en vas mourir. » Elle s'empressa donc de
mettre ordre à ses petites affaires, et le Seigneur
lui en accorda le temps et la force. Cependant,
de jour en jour elle s'affaiblissait et l'on ne pouvait plus parler qu'à voix basse dans sa chambre.
Chaque jour pourtant je pus, ainsi que d'autres
pasteurs, la visiter et prier près de son lit d'ago-
nie... La joie d'Adeline était douce et sa paix

---

[1] C'est le mardi 25 septembre que l'âme du cher Armorin
prit son essor vers le ciel.

profonde; et sans avoir eu les ravissements de
son frère, elle possédait cependant la même foi
et la même espérance, et pour elle comme pour
lui la mort a été « un gain. »

A quinze jours d'intervalle, deux fosses furent
creusées côte à côte pour recevoir les dépouilles
mortelles du paralytique et de sa sœur, jusqu'au
grand jour de la résurrection.

XIV

Conclusion.

Maintenant, chers amis, qui avez vu les souffrances si vives et si longues du paralytique, ou
qui les avez apprises par la lecture des pages qui
précèdent, permettez-moi de vous adresser quelques exhortations chrétiennes au nom du Seigneur. Et d'abord, je voudrais vous exhorter à
méditer sur le péché et à demander à Dieu qu'il

ous inspire une sainte horreur pour le « seul
mal qui est véritablement mal et qui est le prin-
ipe de tous les maux » qui accablent et consu-
nent l'humanité. « O mes amis, qu'est-ce que le
péché? Qui est-ce qui comprend parmi nous ce
qu'il a de criminel, ce qu'il a d'amer, ce qu'il
entraîne naturellement de jugements épouvan-
ables, et la nécessité absolue d'en être complé-
ement lavé, affranchi, pour goûter un moment
le repos? Il me semble qu'il appartient à ceux
qui vivent plus spécialement plongés dans la
souffrance, et qui sont appelés à méditer sur le
mystère d'un Dieu plein d'amour, qui envoie à
ses enfants souffrances sur souffrances, il me
semble qu'il leur appartient de méditer plus spécialement sur les profondeurs du péché [1].

Mais à vous à qui le Seigneur a épargné la
souffrance, je voudrais vous dire : Approchez-
vous avec un tendre amour de ceux qui souf-
frent; vos visites, faites dans un véritable esprit
chrétien, seront abondamment bénies pour leur
consolation et leur bien spirituel, et pour le vô-
tre aussi.

[1] A. Monod : Les *Adieux*, X.

Quand nous voyons la maladie dans une maison, soyons sûrs qu'il y a là des âmes que Dieu cherche et que son amour appelle. Poussés par une sincère compassion et une tendre charité, courez donc, enfants de Dieu, courez vers ces personnes qui ont besoin de votre main pour bander leurs plaies, adoucir leurs souffrances, et de vos prières pour consoler leur cœur. Et soyez persuadés que ces visites vous seront aussi profitables à vous-mêmes. Est-il quelque chose de plus propre à nous faire comprendre le sérieux de la vie et à nous toucher salutairement, que la vue des souffrances que Dieu sanctifie pour le salut de ceux qu'il châtie parce qu'il les aime?.. Et n'est-ce pas auprès de ces « précieux joyaux du bon Dieu » que l'on voit en même temps, et le néant des choses d'ici-bas et la grandeur des biens du monde invisible?

Jeunes chrétiens, bien-aimés enfants qui craignez le Seigneur, je ne veux pas vous parler du bien que vos visites peuvent faire aux pauvres malades. Vous pouvez être pour eux les plus doux anges de consolation, ne l'oubliez pas... Mais sachez que, dans la chétive demeure du pauvre, dans la maison de deuil et près du lit de

uffrance, le Seigneur vous donnera les grandes
çons qui nous sont à tous si nécessaires ici-
as. C'est là que votre jeune âme acquerra cette
empe vive et forte dont on a tant besoin quand
1 quitte la main qui a guidé et soutenu notre
unesse, et qu'il faut marcher seul dans la vie.
t, soyez-en convaincus, ces visites charitables
1e je vous recommande seront de tous vos sou-
enirs les plus doux pour vos cœurs, comme
les seront vos plus belles œuvres devant Dieu

TABLE DES MATIÈRES

Paris. — Typ. de Ch. Meyrueis, rue Cujas. 13. — 1868.

Paris. — Typ. de Ch. Meyrueis, rue Cujas, 13. — 1868.